A

Monsieur le Duc de Broglie,

Hommage et Respect.

SIMPLE OBSERVATION

SUR

LA FRANCE,

ET DE LA

CONDITION D'AVOCAT

POUR ÊTRE DÉPUTÉ;

Par Alph. Cellarius.

« Je ne suis pas un homme de loi, ayant sa langue à vendre
« pour de l'argent ou pour la faveur du monde. »

John Knox : *Histoire de l'Église d'Écosse.*

« La foi des avocats était à vendre, comme les denrées du
» marché. »

Tacite (Empereur Claude).

PARIS,

IMPRIMERIE D'AD. MOESSARD ET JOUSSET, RUE DE FURSTEMBERG, 8.

1841.

SIMPLE OBSERVATION

SUR LA FRANCE,

ET DE LA

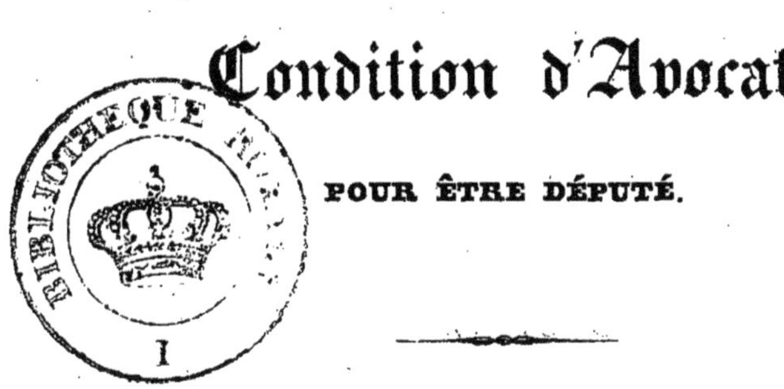

Condition d'Avocat

POUR ÊTRE DÉPUTÉ.

———

L'an dernier et à pareille époque, je profitai de l'avénement du ministère du 29 octobre pour émettre dans un petit écrit intitulé : « *Adresse aux Chambres, etc., etc.* », quelques réflexions sur l'intérêt du moment.

Aujourd'hui j'ai de nouveau l'honneur de m'adresser, non aux Chambres seules, mais au public tout entier, c'est-à-dire, c'est aux hommes de bonne-foi, sincèrement amis de leur pays et entendus au maniement des affaires, que je dédie cette brochure ; c'est à tout homme sachant qu'il ne suffit pas de *vouloir*, mais bien de *pouvoir*, que je m'adresse. Or, pouvoir renferme plusieurs conditions : Condition de *position sociale* (soit de naissance, soit de fortune), condition de *savoir* et de *talent*, et enfin condition de *caractère*.

A la vérité beaucoup de personnes possèdent l'une

ou l'autre de ces conditions, d'autres mêmes réunissent l'une à l'autre; mais bien peu, à mon avis, les résument toutes dans leur personne.

Nous voyons tous les jours une haute position, soit par le prestige de sa naissance, soit par le fait de la fortune, modifier par leur influence des existences inférieures; — un vaste savoir, appuyé d'une puissante dialectique, faire prendre à une assemblée telle ou telle autre décision; — enfin, l'ascendant d'un caractère énergique venir détruire l'influence de l'une et l'effet de l'autre. — Que sera-ce donc lorsque toutes ces conditions se trouveront personnifiées en un seul homme, que tous ces moyens d'action seront à sa portée? Richelieu, Louis XIV, Buonaparte nous l'enseignent. Personne ne contestera que tous *trois* ont dominé leur époque, dirigé les événemens de leur siècle.

Richelieu (Armand du Plessis), évêque de Luçon, cardinal, ministre à la terrible volonté, abattit la féodalité, parce qu'elle entravait, qu'elle arrêtait le système de la centralisation déjà commencé sous Louis XI, et par de semblables moyens. Et quand la France commença-t-elle à abaisser la maison de Hapsbourg, à arrêter l'envahissement toujours croissant de l'Autriche? Ce fut sous le ministère Richelieu!

Louis XIV, dit LE GRAND, résuma en sa personne la naissance, la volonté absolue et inflexible; et s'il ne les possédait pas lui-même, il eut au moins à son très-humble service toutes les lumières de son siècle. Qui introdisa les Bourbons en Espagne? Qui proclama « il n'y a plus de Pyrénées? Louis XIV!

Napoléon enfin, arpentant à pas de géant l'Europe en tous sens, était de naissance M. de Buonaparte,

(3)

dont la famille, originaire de Florence, avait pris parti dans la lutte des Guelphes et des Gibelins. — Laborieux au camp, et studieux dans le silence du cabinet, il avait découvert la singulière analogie entre lui et Charlemagne : couronnement du dernier en 800 comme empereur d'Occident, et sa disparition de la société en 814; l'un et l'autre ayant pour successeurs des princes pacifiques. Bizarre jeu du hasard, singulière parité de position à MILLE ans de distance !! Et quel rôle infime Buonaparte joua-t-il en Europe? Ses paroles passèrent-elles inaperçues? Ses volontés furent-elles sans exécution, sans le moindre, le plus petit effet?

Veut-on d'autres exemples encore de cet immense ascendant du savoir uni au caractère? Dois-je citer en Angleterre un Thomas Becket, un cardinal Wolsey, voire même une Elisabeth. Je pourrais par surabondance nommer un Oxenstiern en Suède, un Alberoni en Espagne, et tant d'autres ! Mais à quoi bon? Ces exemples me paraissent pouvoir suffire pour nous démontrer que *partout et toujours* la naissance ou le savoir, unis au caractère, ont placé dans leurs hommes d'état les pays tour-à-tour en première ligne de grandeur et de triomphe.

Quoi de plus naturel? — La naissance est conservatrice de sa nature. Soit qu'elle ait puisé son illustration dans les sciences ou dans les lettres, dans des services soit militaires, soit civils, toujours est-il qu'elle veut maintenir cette auréole que des services antérieurs ont ceinte autour de son berceau, et, si faire se peut, l'agrandir, l'étendre, la raviver par de nouveaux services, par de nouveaux titres à la reconnaissance publique. C'est une succession de position sociale, aussi légitime qu'une succession de biens, et que personne ne peut se résoudre à répudier, car l'on ne déroge que forcément; — c'est une des lois indestructibles de la nature innées chez l'homme, qui existait de *tous temps*, et se reproduit en *tous lieux*; qu'elle se révèle à nos yeux sous la dénomination de patriciens chez les Romains, de leudes ou d'antrustions sous les Francs, de boyards en Russie, de hidalgos espagnols, ou de lords en Angleterre, le fait est toujours le même, le nom seul varie; c'est que le mérite, les vertus, les talens des ancêtres constituent pour leurs descendans une obligation morale de marcher sur leurs traces, sous peine de déchéance, car « noblesse oblige », et c'est peut-être bien plus dans l'oubli ou dans l'abandon de cet adage que dans les malheurs des temps, qu'il faut rechercher la cause de la chute de tant de nobles et d'illustres maisons. . . . . .

Mais, me dira-t-on, vous prêchez l'hérédité de la pairie, abolie par nos lois, repoussée par nos mœurs. C'est vrai, et j'en conviens. Cependant, s'ensuit-il de ce qu'une chose légitime en elle-même et utile dans son application, soit mauvaise par cela seul qu'elle répugne à l'amour-propre d'autrui? C'est une erreur, un fatal préjugé que de prétendre que parce que tel corps politique est héréditaire, il sera hostile aux intérêts du pays et l'ennemi né des classes inférieures, préoccupé seulement de sa propre grandeur, et avide à rechercher les faveurs du pouvoir. Cette imputation pourrait à la vérité et au besoin s'appliquer à une institution politique simplement viagère, et par conséquent sans consistance, relevant par le seul mode de ses élections de la faveur royale. Ici son intérêt le lie aux intérêts du trône, sans autre combinaison avec les intérêts du peuple, que le seul sentiment de sa dignité et de son patriotisme. — Un corps, au contraire, qui existe de sa propre vie, qui se renouvelle par lui-même, est indépendant et en dehors de toute influence; élément neutralisateur, il se pose entre la royauté et le peuple, et empêche un frottement dangereux pour l'une ou l'autre.

Sans comprendre l'opinion de la Chambre des Pairs, qui est naturellement partie intéressée dans la question, beaucoup de bons esprits, et sans prétentions aucunes, partagent ma manière de penser sur l'hérédité. Parmi les morts, je ne citerai pas Montesquieu (il vivait sous un régime politique différent) ni de Montlosier; mais j'invoquerai le souvenir des opinions de C. Périer, et enfin celle de Benj. Constant. Ce dernier, dans sa *Politique constitutionnelle,* a consacré tout un chapitre à l'hérédité de la pairie. Comme beaucoup de personnes peuvent ne pas posséder cet ouvrage, je me permettrai de transcrire ici quelques passages de la matière en question :

« De toutes nos institutions constitutionnelles, la
» pairie héréditaire est peut-être la seule que l'opi-
» nion repousse avec une persistance que rien n'a pu
» vaincre jusqu'ici. Toutes les fois qu'elle retrouve la
» liberté de se faire entendre ou qu'elle ressaisit l'es-
» pérance de voir cette institution modifiée, elle
» s'exprime contre tous les priviléges héréditaires
» avec une force et une unanimité qu'on ne saurait
» méconnaître.

»« Bonaparte lui-même, qui, sans avoir le sentiment

» de la liberté, avait l'instinct de ce qui était popu-
» laire, s'était aperçu de cette disposition générale. Il
» disait sur la pairie : . . . .
» . . . .
» . . . .
» La pairie anglaise est toute autre chose. Elle est
» au-dessus du peuple, mais elle n'a pas été contre
» lui. *Ce sont les nobles anglais qui ont donné la*
» *liberté à l'Angleterre.* La grande Charte vient
» d'eux (1); ils ont grandi avec la constitution, et sont
» un avec elle » . . . .
» Malgré ses observations, je dois l'avouer, je per-
» sistai dans ma conviction que pour maintenir une
» monarchie constitutionnelle, l'hérédité de la pairie
» était indispensable. Je vais exposer mes raisons.
» Personne n'a combattu l'hérédité plus vivement
» que moi ; l'on a voulu me nuire et cru me décon-
» certer, en publiant de nouveau ce que j'avais im-
» primé contre l'hérédité sous la république; l'on s'est
» trompé. Dans le même ouvrage et dans le chapitre
» même où j'exposais mes principes, je me déclarais
» aussi en faveur du gouvernement républicain, et je
» réunissais toutes les raisons que peuvent faire préfé-
» rer la république à la monarchie. La république est
» tombée; je n'ai certes ni contribué, ni applaudi à

____

(1) C'est à Runimède, entre Staines et Windsor, le 5 juin 1215, que
Jean-Sans-Terre signa et scella la magna Charta que les barons anglais
exigèrent de lui. Cet acte célèbre est encore aujourd'hui le Palladium des
libertés britaniques.

On sait que l'original de cette grande Charte, écrite sur parchemin, avait
été perdu. On le retrouva, au dernier siècle, dans les mains d'un tailleur qui
allait en faire des patrons de guêtres.

» sa chute. Je l'ai défendue sous Bonaparte, et il n'y
» a pas un de mes discours au tribunat dans lequel je
» n'ai rappelé son nom et consacré ses principes, etc.
» Mais enfin la république est tombée. Dès-lors j'ai dû
» appliquer toutes les facultés de mon esprit à décou-
» vrir comment on concilierait la monarchie et la li-
» berté. Je me suis convaincu que la conciliation n'était
» pas impossible, et qu'avec la neutralité complète et
» formellement reconnue du pouvoir royal, une mo-
» narchie constitutionnelle ne s'opposait point à cette
» liberté paisible qui convient particulièrement à nos
» temps modernes. Une fois persuadé à cet égard,
» j'ai dû aussi me résigner à toutes les conséquences
» que la monarchie impose. *Celle de l'hérédité d'une*
» *classe, servant de rempart à l'hérédité d'une fa-*
» *mille, m'a semblé essentielle.* Cependant je ne me
» suis pas décidé sans hésitation. J'ai cherché dans la
» neutralité du pouvoir royal, neutralité qui change
» entièrement la nature de la monarchie, un moyen
» de la délivrer de cette condition onéreuse et impo-
» pulaire. Mais cette neutralité du pouvoir royal n'est
» pas encore, ce me semble, assez bien comprise,
» pour que le trône cesse de nos jours d'être le but
» de tous les désirs, de tous les essais des ambitieux.
» Sans doute, dans une monarchie vraiment constitu-
» tionnelle, l'ambition personnelle devrait préférer le
» rôle brillant de député, même au titre auguste
» de Roi. Tout en rendant hommage aux qualités
» vénérables de George III, j'aimerais mieux avoir
» été M. Fox que monarque d'Angleterre. Mais nous
» ne sommes pas arrivés à l'époque où l'on pourra fon-
» der la tranquillité publique sur cette appréciation

» philosophique des choses; et comme jusqu'alors le
» trône sera toujours un objet d'envie, il faut l'entou-
» rer d'institutions défensives.

« Une seconde considération m'a semblé venir à
» l'appui de la première. On a vu plus haut (Chap. IV
» du pouvoir représentatif) combien la division en
» deux Chambres dans le pouvoir représentatif était
» indispensable. Or, dans l'hypothèse de deux Cham-
» bres électives, ou dont l'une serait à vie, il faudrait
» ou que le roi pût dissoudre l'une ou l'autre, ou
» qu'il pût augmenter l'une des deux à son gré; car
» une Chambre, à l'abri de sa dissolution, et ne se
» renouvelant qu'à des époques fixes, nécessairement
» assez éloignées, deviendrait un corps indépendant,
» non-seulement de tous les pouvoirs constitutionnels,
» mais de la nation entière. Maintenant, si le roi pou-
» vait augmenter à son choix la première Chambre,
» elle serait bien plus entièrement dans sa dépendance.
» Il n'y aurait pas l'élément héréditaire qui, en
» mettant certaines familles au-dessus des faveurs de
» la cour, en fait nécessairement le centre d'une op-
» position d'autant plus solide, qu'elle est calme et
» régulière. Voyez les Devonshire, les Portland, les
» Bedford dans la Chambre des Pairs d'Angleterre;
» c'est là qu'est la force de résistance. Les nouveaux
» Pairs, les Liverpool, les Lonsdale, les Colchester,
» sortant fraîchement des mains de la couronne, sont
» empreints de son esprit. D'un autre côté, si le roi
» pouvait dissoudre les deux Chambres, il n'y aurait
» plus dans l'une des deux cette stabilité qui sert de
» contre-poids à la tendance démocratique.

» Ne serait-il pas dangereux d'ailleurs d'admettre

(9)

» des époques où il n'existerait aucun pouvoir, sauf
» celui du roi et de ses ministres? Actuellement la
» Chambre des Pairs est inactive, à la vérité, pen-
» dant la séparation de celle des Députés; mais elle
» existe, et c'est quelque chose : c'est plus qu'on ne
» pense.

» Ces considérations m'ont fait pencher pour une
» Chambre héréditaire. Si elles ne ramènent pas à mon
» opinion ceux qui me lisent, elles doivent au moins
» les convaincre que ce n'est pas contre la liberté que
» je désire cette institution; j'y vois au contraire une
» garantie de plus pour la liberté, etc., etc. »

L'art. 23 de la Charte énumère tous les cas d'admis-
sibilité à la pairie. Ainsi, le savoir, le talent, la fortune (enfans de leurs œuvres), comprenant tout ce
que cette auréole a de grand, de noble, de méritoire
et surtout de légitime, tendent sans cesse à l'acquérir
et à en transmettre les fruits à leur tour. Ils en ont le
droit. Le caractère, une volonté forte et opiniâtre
leur en procurent les moyens.

Dans le premier fait réside le principe sacré de la
conservation représenté par la *Chambre des Pairs*. Le
dernier nous révèle le désir de l'acquérir. Les efforts
« *de ce qui n'est pas pour devenir* » désignés sous le
nom de *progrès* ou de *Chambre des Députés*.

Ainsi, ne nous ne le dissimulons pas, c'est bien moins
aux exigences du moment, aux événemens du jour,
qu'à l'absence totale de l'existence simultanée de mes
conditions dans la majorité de nos hommes d'état,
que nous avons dû jusqu'à présent ces variations de
notre politique; qu'il faut attribuer cette succession
rapide des nombreux cabinets éclos depuis 1830 !

TREIZE ministères dans l'espace de onze ans (sans compter autant de modifications partielles) (1)!

En portant notre investigation sur leur composition, nous y rencontrons d'abord des hommes qui, pour la première fois arrivés au pouvoir, l'ont abandonné sans esprit de retour peut-être, dégoûtés qu'ils étaient alors du maniement des affaires publiques. — D'autres, d'une constitution plus robuste et moins scrupuleux, y sont restés, y sont revenus, et aspirent à y revenir encore, bien que leur administration ait été stigmatisée *d'aventureuse*. — D'autres enfin, et c'est là le plus petit nombre, sont ou des spécialités ou de ces hautes capacités qui réunissent mes deux dernières conditions : « le *savoir* uni au *caractère* »; qui, nourris par la lecture des anciens, instruits du passé, n'ont jamais désespéré du présent et de l'avenir; qui, joignant à des idées vraiment gouvernementales la force de leurs convictions, ont affronté les périls au moment du danger, se sont emparés du gouvernail de l'État quand l'orage

---

(1) **MINISTÈRES.**

MM. GUIZOT	1er du	9 août 1830.
LAFFITTE	2e	2 nov. 1830, modifié le 27 déc. 1830.
PÉRIER	3e	13 mars 1831, mod. les 27 et 30 avril 1832.
SOULT	4e	11 octobre 1832, modifié les 18 octobre et 2 mars 1833.
		4 avril 1834, mod. le 19 mai et 18 juillet.
BASSANO	5e	10 novembre 1834.
MORTIER	6e	18 novembre 1834, modifié les 22 nov., 12 mars et 30 avril 1835, 18 fév. 1836.
THIERS	7e	22 février 1836.
MOLÉ-GUIZOT	8e	6 septembre 1836.
MOLÉ-MONTALIVET	9e	15 avril 1837.
Intérimaire	10e	1 avril 1839.
SOULT-PASSY	11e	12 mai 1839.
THIERS	12e	1 mars 1840.
SOULT-GUIZOT	13e	29 octobre 1840.

grondait au lointain, et, manœuvrant à travers les brisans, ont ramené le navire dans le port du salut.

Il était temps qu'ils vinssent ces hommes courageux, pour fermer la carrière à cette politique d'expédiens, vivant au jour le jour, *tapageuse* au dedans, et *sans dignité* au dehors. — Espérons que la Chambre élective, comprenant enfin tout ce que l'existence éphémère des administrations a de vicieux, de préjudiciable aux intérêts du pays, nous verrons désormais des ministères vivre; qu'ils auront le temps de concevoir des plans de réforme; de former des projets pour le bien être de la France, de les mûrir, de les élaborer, et surtout..... de les exécuter. En un mot, que la Chambre, repoussant ces éternelles oscillations de « vas et viens», protégera à l'avenir un esprit de suite, de continuité dans la marche des affaires, qui, en politique intérieure, est le seul gage de stabilité, l'unique moyen d'organiser et de maintenir une administration qui assure tous les services, et réponde à tous les besoins du pays.

Espérons encore que, loin de sanctionner plus longtemps notre réputation au dehors de nation volage, versatile, au caractère vain et glorieux et aux instincts envahisseurs, notre ministre des affaires étrangères, actuel ou futur, fournira une assez longue carrière, pour nous réhabiliter de tous les reproches que les autres nations étaient jusqu'à présent plus ou moins en droit de nous adresser.

Oui, nous avons besoin de réhabilitation, grandement besoin; car, depuis 5o ans, l'Europe nourrit des griefs contre nous; des préventions qui, il faut bien en convenir, ne sont pas aussi dénuées de fondement qu'on voudrait bien le dire; et qu'on ne s'y trompe pas, les populations partagent, sous ce rapport, la manière de voir de leurs gouvernemens : elles nous reprochent, à tort ou à raison, de vouloir jouer les maîtres en Europe, de dicter des lois aux autres nations du Continent; de vouloir primer la société, de chercher à faire prévaloir notre avis envers et contre tous ; elles ajoutent que tous les états, n'importe leur forme de gouvernement, sont membres de la société européenne, que l'on ne les distingue pas en États de premier, second ou troisième ordre, pour jouir du bénéfice, du droit des gens, qui consacre *l'indépendance et l'égalité* de tous en général, et de chacun en particulier; que, partant, nous avions de tous temps cherché à usurper une supériorité, matérielle ou morale, incompatible avec leur propre dignité.

Nul doute que ces griefs, ces préventions, ces reproches nous paraissent être, à nous, une violence faite à notre caractère national; que, refoulés dans nos limites, restreints dans notre propre cercle, les journaux de l'opposition, les feuilles de la démocratie ne crient que la dignité française est compromise. Il n'est encore que trop vrai que nous n'ayons un grand faible pour la gloire militaire, que le son du fifre et du tambour ne fasse vibrer notre cœur, toujours accessibles que nous sommes aux idées de victoires et de conquêtes. Mais l'Europe est en paix ; elle se repose, elle veut se reposer de ses secousses, de ses longues vicissitudes, et porter ses vues sur son organisation intérieure, sur ses besoins matériels : elle s'occupe, en Allemagne surtout, de ses chemins de fer, de ses douanes. — Suivons son exemple, car le partage politique de l'Europe a été fait; la circonscription territoriale de chaque pays a été réglée, sanctionuée par des traités. Partant, plus de conquêtes à faire, plus de gloire militaire à acquérir.

Il est cependant d'autres conquêtes d'un genre bien autrement élevé à faire, un autre champ plus vaste et plus noble où nous pouvons moissonner de la gloire. — Je veux parler du champ de l'industrie, de l'intelligence.

Il est un fait avéré, et que personne ne voudra sérieusement contester : c'est que les Français, si sensibles aux entreprises militaires, si portés aux troubles civils, si aptes aux affaires, ne possèdent dans leur *généralité* pas assez le véritable esprit du commerce ; l'amour de la gloire commerciale, qui distingue, qui anime si éminemment les Anglais, les Hollandais, les Allemands et les Suisses, est étranger aux Français. — Dans ces pays, nous voyons des commerçans se faire gloire de ce que leur *raison sociale* a, depuis des siècles, passé de père en fils; de ce que leur signature est honorée sur tous les marchés de l'Europe. Nous les voyons aussi consolider leur crédit, augmenter leur puissance commerciale, par des alliances de maison à maison (à l'instar de petites maisons souveraines.), et laisser à leurs enfans des établissemens tout créés, bien famés, avec une réputation quelquefois européenne. Dois-je citer les *Stieglitz et C.ᵉ à Saint-Pétersbourg;* — les *Sina*, les *Arnstein et Eskeles à Vienne;* — les *Chapeaurouge*, les *Heyne à Hambourg;* — les *Hope et autres à Amsterdam;* — les *Mérian à Bâle;* — les *Bethmann, Chiron-Sarrasin, Grunelius, Gontard, Goll,* et infinité d'autres à *Francfort;* — celles de *Lombard Street à Londres?*

Toutes ces maisons, aujourd'hui d'un crédit si

colossal, qui, semblables à de petits ministères, font vivre des nuées de commis, avaient cependant leur commencement d'existence, leur moment de création; elles ont préludé par n'être pas ce qu'elles sont devenues plus tard, et ce qu'elles sont aujourd'hui. Leur prospérité actuelle, en un mot, est le fruit de bien des années, de plusieurs générations. Leur origine remonte communément à l'aïeul, quelquefois même au bisaïeul. — Après avoir été aux prises avec les obstacles, après avoir lutté avec toutes les difficultés qui assiègent toujours plus ou moins chaque nouvel établissement, ils les ont cependant surmontés, ils les ont vaincues à force de persévérance, d'économie et de travail. Que de labeurs, que de veilles, que de privations n'ont-elles pas endurées, ne se sont-elles pas volontairement imposées? Que de fois n'ont-elles pas réprimé l'attrait du plaisir, le désir de jouir de la vie, pour faire honneur à leurs engagemens? Se bornant chaque soir à la seule satisfaction domestique d'avoir, dans la journée, étendu le cercle de leurs relations, d'avoir élargi leurs opérations. — Jouissance si douce, si pure, qui trouve dans son sein la récompense de peines qui se renouvelaient chaque jour.

Tel aïeul, après avoir élevé son fils sous ses yeux, après l'avoir prêché d'exemple et préparé à parcourir la même carrière, l'envoie travailler, souvent gratuitement, dans des comptoirs étrangers, chez des correspondans au dehors, pour qu'il se perfectionne dans ce qu'il sait déjà, pour acquérir de nouvelles connaissances; pour qu'il étudie la langue, les besoins et les ressources des autres pays, leurs douanes, leur système monétaire, leurs poids et mesures, leurs changes et leurs arbitrages; en un mot, il lui fait faire un cours de droit commercial et un cours d'économie politique pratique. Et voilà ce que j'appelle, moi, faire une éducation commerciale. MM. les banquiers et négocians, auxquels j'ai l'honneur d'adresser un exemplaire de cet écrit, savent que ce n'est pas une simple conception de ma part, un fait de pure théorie, mais que c'est de pratique, en usage dans toutes les maisons tant soit peu famées.

Le négociant, après avoir ainsi fait parcourir à son fils plusieurs pays, ce qu'on appelle vulgairement lui avoir *fait faire le tour du monde......*, le rappelle enfin, pour l'associer à ses entreprises, pour le mettre à la tête de sa maison, se réservant les intérêts du fonds social, ou même avec adjonction d'une part dans les bénéfices et le droit de surveillance. — Le fils succède au père. Par son séjour à l'étranger, il a grandi ses idées, il a étendu le cercle de ses connaissances; ses conceptions sont plus vastes; et, conséquence bien simple, toute naturelle, l'échelle de ses opérations devient plus large; il a dépassé son père. — Son fils à son tour le dépassera; à son tour il donnera à la maison de ses prédécesseurs plus de consistance; car ils lui ont légué des moyens d'actions qu'ils n'avaient pas, et partant des chances de succès qui leur étaient refusées.

Telle est la marche progressivement ascensionnelle d'une bonne, d'une véritable maison de commerce.

Nul doute que des circonstances heureuses, des cas fortuits ne puissent accélérer la prospérité d'une maison. Nous voyons effectivement M. le baron de Haber, chef de la maison, Haber senior et C.ᵉ à Carlsrouh, banquiers de la cour de Bade, commencer avec bien peu ; son établissement ne remonte guère au-delà de 3o ans d'existence : on prétend dans le pays que M. de Haber, si généralement estimé pour son caractère, a commencé sa maison par le trafic le plus humble. — Telle autre maison, d'une célébrité universelle, et dont le siége principal est à Francfort, réputée tirer l'origine de son opulence dans le commerce des médailles et des monnaies, et par sa probité, lors des mouvemens de troupe en 1815, devenir banquier du grand-duc de Hesse-Cassel. Mais ce sont là des coups de fortune, des exceptions en dehors du cours ordinaire des choses, et qui ne sauraient servir de règle commune. Une vérité toutefois en ressort, c'est que la probité, qu'elle tienne au caractère, ou qu'elle soit le fait de la spéculation, produit tôt ou tard ses fruits; car, disent les Allemands : *Getreue hand, geht durch's ganze Land*, « et *Ehrlich waehrt am laengsten.* »

Toutes les maisons de banque et de commerce que j'ai en l'honneur de nommer sont toutes jugées MILLIONAIRES, et cependant, loin de se retirer des affaires...., elles travaillent toujours, pénétrées qu'elles sont qu'il est plus facile de *continuer* que de *commencer,* qu'une fortune est plus assurée en l'administrant soi-même, qu'en la confiant à des mains étrangères.

Mais m'objectera-t-on, vous citez des exemples épars, isolés, dans des pays divers. La France aussi s'honore de MM. Delessert à Paris, et de leur succursale au Hâvre; de MM. Hottinguer, Fould et Fould-Oppenheim et Jacques Lefebvre; d'autres maisons ont même été élevées à la pairie, comme témoignage qu'une auguste estime sait apprécier et récompenser toutes les vertus. Loin de vouloir contester l'existence de ce fait, je me fais au contraire un plaisir de le constater ; mais encore une fois, et je ne saurais trop le répéter, nulle part je n'ai rencontré cet esprit de tradition si salutaire aux particuliers et aux nations, autant qu'en Allemagne et en Hollande. C'est le fait général sur lequel je m'appuie, que je m'efforce de mettre en relief.

En France, un autre phénomène se présente à nos yeux. A part les grandes maisons de banque de la capitale et des provinces (1), les maisons des rues du *Sentier* et des *Jeûneurs* (2), de nos ports de mer, des localités

---

(1) Indépendamment des maisons de banque que j'ai eu l'honneur de citer comme faisant la gloire de la France, qu'il me soit permis de leur colloquer les noms d'autres maisons qui me sont personnellement connues, comme suivant les vrais et bons principes, et qui toutes les ont puisés en Allemagne.

MM. Thurneyssen et C.e, banquiers à Paris. — Issus de l'ancienne, très-ancienne maison Gontard et fils à Francfort-sur-Mein, cela suffit ; bien que n'existant en France que depuis 1815, sa réputation à la Bourse et à la Banque est faite ; on rencontrera peu de maisons plus solides que celle-ci.

De Turckheim et C.e à Strasbourg. — Cette maison, bien qu'en cours de liquidation par suite de circonstances malheureuses, n'en conservera pas moins l'estime et la considération qu'elle s'est acquise pour l'appui qu'elle a constamment prêté à l'industrie cotonnière de l'Alsace en général, et du commerce de Strasbourg en particulier.

Il est également de mon devoir de rendre hommage à la mémoire si vénérée de feu M. *Jacques Reiset*, receveur général de la Seine-Inférieure. — Sous l'empire, receveur général à Mayence, il avait su se concilier l'estime et la confiance de l'homme qui voulait tout voir par lui-même, qui était si difficultueux et si sévère, comme l'on sait, pour tous agens-comptables, fournisseurs, et qui n'entendait pas raillerie sur le maniement des deniers publics. La restauration et la révolution de 1830 trouvèrent M. Reiset toujours le même, c'est-à-dire, toujours exact, ponctuel comme fonctionnaire public, toujours généralement considéré pour son caractère privé. — Il mourut, hélas ! trop tôt....... pour ceux qui l'ont connu, et regretté de tous les hommes de bien. — C'était donc pour reconnaître les longs et nombreux services du père que le Gouvernement actuel a appelé l'un de ses fils aux fonctions gratuites d'*attaché* à l'une de nos ambassades.

(2) M. Alexandre Feuillet, sans être l'un des premiers négocians de la capitale sous le rapport de la fortune, mérite cependant de figurer à côté de ceux

2

manufacturières (1), le commerce moyen (nommément à Paris), raisonne et agit sous des inspirations diamétralement opposées. — Ici, le commerce n'est plus considéré comme but, mais comme moyen. Il n'est plus question de consacrer son existence entière à une seule occupation, celle de gagner de l'argent par un travail permanent et réglé ! Non ; c'est acquérir de la fortune, beaucoup, immensément de fortune, et dans le moins de temps possible (et tout en s'amusant encore); peu importe les moyens, peu importe les voies pour atteindre ce double but : les faillites (je ne dis pas banqueroutes), si honteuses en Allemagne et en Hollande, sont ici un moyen de s'enrichir à l'ordre du jour, une spéculation ; on s'humilie un moment, pour se relever plus riche et plus insolent que jamais. C'est, à la vérité, un de ces moyens que tout le monde n'emploie pas ; aussi ne l'ai-je cité que pour rendre plus sensible cette absence complète de l'esprit de tradition ; mais il arrive néanmoins, encore trop fréquemment, d'entendre dire à des négocians : « Je travaillerai pendant dix, quinze ans » au plus ; je travaillerai comme un nègre ; je me reti- » rerai ensuite (sous le spécieux prétexte de faire place » à d'autres); je vivrai de mes rentes, et je jouirai de la » vie. » — Bien! On liquide les dettes actives et passives; on vend la marchandise en magasin, et (pour en

que le commerce honore : rondeur, franchise et loyauté dans les relations. Pénétré de l'amour du commerce, cet homme seul honorerait le commerce, si le commerce n'était déjà honorable par lui-même.

(1) A qui l'établissement de M. Ed. Honoré (successeur de M. Dagoty) serait-il inconnu ? — Au-dessus de tout éloge pour son caractère personnel, le bon goût qui préside à tous ses produits est le témoignage le plus éclatant des services que rend M. Honoré à l'industrie de porcelaines.

hâter l'écoulement) l'on affiche : *Pour cause de décès!* L'établissement est fermé ; la maison N*** et C.ᵉ a cessé d'exister ; sa raison a disparu de l'Almanach du Commerce.

Qu'arrivera-t-il ? Le négociant retiré a des enfans : ils grandissent à vue d'œil ; on leur donne une éducation libérale, supérieure même à celle de leurs parens. Le fils est envoyé au collége ; il fait ses classes, il devient même bachelier ès-lettres ! La fille est en pension ; elle apprend à broder, à peindre des fleurs, à *jouer* du piano ; peut-être même lira-t-elle en cachette *Indiana*. Bref, les qualités solides qui caractérisent *la bonne mère de famille* sont sacrifiées au brillant d'une dame de compagnie.

Le moment d'établir ces enfans est arrivé. Il faut un état au fils. Qu'en fera-t-on ? L'embarras est grand : l'ambition du père, la vanité de la mère s'en mêlent ; décidément il deviendra..... AVOCAT !! Il brillera au barreau ; peut-être, qui sait ? Grâce à la réforme électorale à venir, figurera-t-il un jour à la Chambre ! Brillante perspective pour le cœur d'une mère. Le député en herbe prend ses inscriptions, il suit les cours de l'école, il fume comme un Turc, fait des dettes, et bien d'autres choses encore, car « *il faut que jeunesse se passe* » — A la vérité, dès la première année il lira Platon, la Politique d'Aristote, la République de Cicéron, et, pour complément d'étude, apprendra...... à rougir de son père !

Nous sommes stagiaire. Nous mesurons en long et en large la salle des Pas-Perdus : nous attendons une cause ;...... elle tarde bien ; mais enfin, ô bonheur ! la voici. Il ne s'agit de rien moins que d'un mur mitoyen !!

— C'est notre première cause ; de son succès dépend notre avenir ; donc il faut faire de l'effet. Ayant lu les Philippiques de Démosthènes, possédant sur le bout du doigt la brillante improvisation « *Quousque tan-* » *dem abutere, Catilina*, etc., etc. », nous foudroyerons notre adversaire. Enfin, ce jour tant désiré et tant redouté est arrivé ; mais...... ô malheur ! ô désespoir ! .... nous sommes déboutés de notre demande, et condamnés aux dépens........

Frappé dans notre début, les plaideurs nous tournent le dos, les procès ne viennent plus, et la réforme électorale encore moins, car M. Guizot, de connivence avec la partie saine de la population, ne veut pas de la réforme ; ce ministre, ami de l'ordre, a le tort, très-grave sans doute aux yeux de bien des gens, de considérer cette mesure comme une source de désordre et de perturbation. D'autres personnes se prétendant éclairées, affirment qu'une réforme électorale a déjà eu lieu en 1830, par le seul fait de l'abaissement du cens d'éligibilité ; que l'abaisser encore, soit dans le cens même, soit en étendant la capacité à d'autres conditions, serait ouvrir la porte à nombre de nécessités, à une foule de patriotes vertueux, *avides* d'éclairer le peuple sur ses droits, et de signaler tous les *abus* qui rongent l'ordre social.

Tel aura donc été le triste résultat de la coupable indolence du père qui, oubliant que le travail est notre lot ici bas, se sera retiré prématurément des affaires. Son fils a manqué sa vocation ; il a contracté des besoins qu'il ne peut satisfaire ; il s'en prend au pouvoir, et...... vous avez un mécontent de plus.

Si donc le Français est dépourvu de cet esprit commercial que j'ai signalé plus haut, il est encore moins *colonisateur*. — Si supérieur dans la littérature, les sciences, les arts, en tout ce qui flatte l'imagination, quand marchera-t-il dans l'art de la colonisation, de pair avec d'autres peuples? Tandis que les habitans d'autres pays vont chercher fortune ailleurs, suivant le refrain « *ubi benè, ibi patria* », que les Allemands et les Suisses vont défricher les déserts de l'Amérique du Nord; — que les Anglais, les Hollandais vont exploiter les Indes, former des comptoirs sur d'autres plages, nous, puissance maritime, restons sous ce rapport stationnaire et en dehors du mouvement. — Il y a bien plus : il y a peu d'années qu'une question coloniale, à l'occasion des sucres, a été agitée. C'était en vain que l'on s'efforça de démontrer la nécessité de soutenir nos colonies; ce fut inutilement que le Hâvre, Nantes, Bordeaux, se récrièrent sur le tort qu'en éprouveraient notre marine, nos ports et nos chantiers. — La betterave était là; avec elle les partisans du progrès, toujours si ardens à saisir chaque occasion pour embarrasser le pouvoir et les affaires. Il fallut bien en venir à un compromis, à une transaction qui ne satisfit ni la canne, ni la betterave. Oh! alors l'opposition eût fait bon marché de notre marine, et il n'a pas tenu à cette fraction de la Chambre élective que nos forces navales ne fussent sacrifiées à sa popularité. — Les champions du peuple disaient et écrivaient alors que *quelques voiles* suffisaient pour protéger les Antilles et notre marine marchande; qu'il fallait viser à l'économie, et que si les chantiers de nos ports de mer devenaient moins actifs, on aviserait à d'autres moyens pour nourrir les ouvriers des ports. — A quoi sert en effet (et je me sens heureux de me rencontrer sur ce point d'accord avec l'opposition), à quoi sert, dis-je, une marine si formidable, objet d'une jalousie bien naturelle de notre voisine insulaire, et dont l'entretien grève le budget outre mesure ? Encore une fois, l'opposition avait raison en demandant, il y a peu d'années, alors même que nos relations internationales n'étaient pas si bien assurées qu'aujourd'hui, que notre marine fut *réduite* à des proportions plus rationnelles avec les besoins de notre commerce et de nos colonies.

Du reste, il est à remarquer que la marine des Hollandais et des Allemands est proportionnellement bien inférieure à la nôtre, et qu'ils n'en sont pas moins de meilleurs colonisateurs que nous. Temoin l'Algérie.

Après que M. Desjobert et d'autres écrivains ont traité de la question d'Alger, j'aurais mauvaise grâce à m'en occuper, car je ne pourrais tomber que dans des redites. — Toutefois je me permettrai de demander si l'Algérie est destinée à n'être qu'un simple point d'occupation, ou si, dans l'hypothèse qu'on veuille la maintenir sur le pied d'une colonie, pourquoi l'on n'a pas donné suite à certaine proposition faite par un étranger ? Il me semble qu'après avoir, pendant onze années, englouti des centaines de millions dans le littoral africain, engraissé son sol du sang français, un mode de colonisation tel que celui qui a été proposé au Gouvernement, renfermerait bien des conditions de réussite. Qui ne connaît le génie agricole des Allemands, des Suisses nommément ? Qui n'a déjà admiré leur patience, leur tenacité à vaincre les obstacles de ce genre ? Pour peu qu'on leur eût offert des avantages, soit d'un bail emphytéotique, soit même une concession de propriété des terres à exploiter, avec appui et main-forte contre les attaques des indigènes, nous ne tarderions pas à obtenir des résultats plus satisfaisans, plus prompts et à moins de frais.

Ici viendrait tout naturellement se placer la dénonciation d'un fait qui se révèle dans la société. Son existence ostensible remonte à 1837. Depuis, il s'est développé, il grandit tous les jours en extension et en consistance. D'autres qui, comme moi en ont fait la remarque, ne l'ont jugé peut-être que comme un fait isolé, sans intelligence et sans portée. — Cependant, comme tout événement, tout fait, loin d'être un simple effet du hasard, ont au contraire une cause visible ou cachée, j'avoue que je crois devoir remonter plus haut, et attribuer ce phénomène social à une *pensée* qui, à la vérité, ne l'a pas provoqué, mais lui a donné cette impulsion ; à une pensée qui peut-être, je ne l'affirme pas, tire ses moyens d'exécution par la voie diplomatique, et dont le résultat se résume en politique intérieure. Un doute me resterait-il encore dans l'esprit, qu'il se trouverait résolu par des considérations de personnes et par un chiffre au budget de 1839, que j'ai sous les yeux. — Déjà M. de Talleyrand (qui est connu pour avoir eu de tous temps le pressentiment de ce qui était en expectative), après avoir en 1834 quitté l'ambassade de Londres, avait fait allusion à cette pensée politique dans une lettre datée de Valençay, et adressée à feu M. de Rigny, alors chargé du portefeuille des affaires étrangères. Si je ne me trompe, les journaux rapportèrent cette lettre, ou du moins en firent mention. Il est encore fort possible que l'allusion de ce célèbre diplomate n'eût rien de particulier avec le fait qui me préoccupe. Toutefois, quoi qu'il en soit, le fait existe; et depuis 1837, il est sensible, patent, et ses résultats sont manifestes. J'aurais donc lieu d'être surpris que M. le ministre des affaires étrangères, si attentif et si clairvoyant, ne l'eût pas également remarqué. De deux choses l'une : ou ce fait lui a échappé, et il aurait fait preuve d'insouciance, ou, ce qui me paraît plus vraisemblable, c'est au su de ce ministre que le fait existe; et dans ce cas, j'augure trop bien de son patriotisme, pour douter un seul instant qu'il ne fasse valoir auprès de l'étranger la reconnaissance qui est due sous ce rapport à la France, et acquérir pour lui-même un ascendant sur les puissances du Continent, ou, au moins, d'invoquer le droit de retorsion.

Je le répète, j'ai peine à croire que M. le ministre ignore l'existence de ce phénomène. — Lorsque l'on est, comme M. Guizot, un historien aussi profond; qu'on a, comme lui, creusé si avant à toutes les sources possibles de la société; rendu un compte si clair et si précis tant du régime municipal dans l'empire romain que des causes de la chute des deux premières races (1); *qu'on s'est assis aussi long-temps au berceau de la société; qu'on l'a suivi pas à pas* (2) dans toutes ses transformations, signalé sa marche et ses progrès dans la civilisation; qu'on a, en un mot (qu'on me passe l'expression), sucé la moelle de l'histoire, il n'est pas permis de supposer que ce même historien, devenu ministre à plusieurs reprises, et de départemens divers,

---

(1) Premier et troisième Essais sur l'histoire de France, pour servir de complément aux observations, etc., etc., de l'abbé de Mably.

(2) Préface aux Essais, etc., etc.

soit dans l'ignorance d'un fait social aussi patent que celui qui se passe sous nos yeux.

A propos d'histoire, qu'on me permette une réflexion.

Tout le monde en France connaît plus ou moins l'histoire de notre pays. Beaucoup de personnes s'imaginent peut-être la savoir à fond, parce qu'au moyen de tableaux synoptiques, elles se trouvent à même de réciter la kyrielle de nos rois par race, par branches et avec ordre chronologique, et qu'elles ont peut-être lu en outre des mémoires plus ou moins apocryphes, tableaux de mœurs, aventures galantes, des anecdotes plus ou moins vraies.

Ainsi restreinte, l'histoire se réduirait ou à un simple exercice de mémoire, ou à une chronique du passé, sans instruction utile. — Considérée au contraire sous un point de vue plus élevé, l'histoire devient l'expérience des nations, comme la vieillesse sert d'expérience aux particuliers; de l'une et de l'autre découlent des vérités qui se reproduisent partout et toujours, quoique sous des formes diverses.

L'on présume de la destinée d'un individu, par la position sociale de ses auteurs, par l'éducation qu'on lui donne, de la direction qu'on lui imprime, du caractère et de la somme d'intelligence qui se révèle et se développe successivement en lui. — De son point de départ, on pourra conjecturer sa fin. Les obstacles qui obstrueront sa route, ou il les brisera par sa force de caractère, ou les tournera avec habileté : le succès le poussera en avant, comme un premier revers calmera son ardeur. — La connaissance des antécédens d'un individu nous instruit de ce que nous devons attendre de son avenir.

Il en est de même des nations, car celles-ci, collection d'individus, sont toujours, en droit des gens, considérées comme personnes morales. Or, pour bien connaître l'histoire de son pays, ce n'est pas à ces ouvrages superficiels, amusans à la vérité, qu'il faut puiser. C'est aux sources du temps qu'il faut recourir, pour pouvoir bien apprécier la physionomie de la société à chaque époque, et le caractère de ses révolutions, etc. Mais que de veilles, que de recherches et de fouilles pénibles, dans les annales de ces temps reculés, qui remontent au berceau de notre monarchie. Grégoire de Tours, Frédegaire, les capitulaires, les formules de Marculf, et tant d'autres qui me viennent à l'esprit, mais que je me dispenserai de citer. — A la vérité, tous ces ouvrages sont écrits en latin, que bien des personnes ne comprendraient pas, et que d'autres jugent comme oiseux ou trop arides à consulter. Il faut donc céder la palme à ceux qui ont consacré leur vie à nous léguer des ouvrages à jamais immortels. Honneur à MM. A. Thierry, de Barante, et à d'autres (mais qui plus en relief) dont je craindrais de blesser la modestie.

Déjà l'on m'a reproché d'avoir, dans mon « Adresse aux Chambres », voulu flatter le pouvoir, aduler un homme d'État ! Je crois devoir profiter de l'occasion, pour repousser une imputation de cette nature. On s'est tellement accoutumé de voir couvrir d'ignominie les hommes publics, que, s'il arrive une fois que l'on mette les qualités réelles de l'un d'eux en évidence, de suite l'on crie à l'adulation. Je vais, non me justifier, mais m'expliquer. Je n'ai ni l'avantage d'être connu de M. Guizot, ni l'honneur de le connaître lui-même. —

Je n'ai donc rien à attendre de ce ministre. Mais, mon Dieu, est-il donc précisément nécessaire de connaître personnellement un homme au pouvoir pour rendre justice à ses vertus, aux éminentes qualités que nous croyons reconnaître en lui? N'est-il donc pas d'autres moyens de le juger? Ne peut-il pas exister une communauté d'opinion, de principes, de manière de voir, qui se révèlent dans ses écrits, ses discours aux Chambres, qui peuvent nous servir de lien intellectuel? Vous n'avez donc entendu parler ni de la franc-maçonnerie des esprits, ni de la réponse de M. de Buffon : *Dites-lui qu'il m'écrive, et je le jugerai?*— Comment donc, d'après ses ouvrages que j'ai lus en grande partie, d'après ce que j'ai vu, entendu de lui, vous me reprocheriez mon admiration pour son érudition et son talent, mon estime pour son caractère privé (1), mon adhésion à sa politique, qui a la sanction de tout homme tant soit peu éclairé et réellement ami de son pays?

Vous êtes donc bien corrompus, vous qui avez suspecté la sincérité de mes intentions, pour dénier ainsi l'existence de toute conviction politique ou religieuse! Que je plains la France! Elle tombe de plus en plus. Grâce à cette littérature légère qui déverse un poison subtil et corrupteur dans la société, à ces romanciers pernicieux qui mettent à nu tout le cynisme du succès, qui popularisent une immoralité et une dépravation qui ne devraient jamais sortir des replis honteux du

---

(1) Il est à remarquer que les journaux de l'opposition et de l'extrême démocratie, si peu miséricordieux, comme l'on sait, pour les hommes au pouvoir, n'ont cependant jamais pu atteindre M. Guizot dans sa vie privée, et encore moins colloquer son nom à des marchés ou à des tripotages de bourse.

cœur humain ; grâce à eux, dis-je, nous en sommes venus au point de ne plus croire à aucune vertu, de suspecter tout dévouement, de mesurer toute action au mètre de l'intérêt personnel. Ici, une plaisanterie caractéristique du mal de l'époque me vient en mémoire. Certain soir, un député, dont je ne me souviens plus de la couleur, quitta un salon. A peine sorti, qu'une personne dit : « M. un tel maigrit bien. » — « En effet, répliqua la maîtresse de la maison, « c'est aussi ce que » j'ai cru remarquer ; *quel intérêt a-t-il donc à se* » *laisser maigrir ainsi ?* »

Si je suis partisan de M. Guizot, c'est parce que j'aime mon pays, que je crois ce ministre l'expression de nos besoins bien sentis, que je regarde sa présence aux affaires comme la seule garantie de l'ordre en général, et de notre existence en particulier ; comme la seule planche de salut qui nous reste, pour nous sauver d'un naufrage imminent.

Après M. Guizot, que vous reste-t-il? M. Thiers d'un côté, M. le comte Molé de l'autre. Vous ne sortirez pas de ce cercle.

Le premier vous ramènera tous les erremens du 1.er mars, le gouvernement des journalistes ; et que M. Thiers le veuille ou non, emporté par les passions populaires, il vous imposera une autre législative ; pour passer par le pont de la réforme électorale à une seconde Convention. — Et lorsque de rechef abreuvée des saturnales jacobines, la France se trouvera à deux doigts de sa perte, viendra...... M. Molé vous offrir l'alliance russe ; c'est-à-dire, en d'autres termes, que l'autocrate de Russie, se souvenant de l'assassinat de Louis XVI, de vos nombreuses formes de gouverne-

ment qui se chassèrent l'une l'autre, de votre abandon
de Buonaparte à Waterloo, de votre renvoi de Charles X, de votre défection à la dynastie d'Orléans, viendra, l'injure à la bouche, vous reprocher votre manque
de conviction, votre absence d'attachement aux monar-
ques que vous avez ou acceptés ou élus, votre défaut
de résolution à secouer la sujétion des journaux, viendra, dis-je, vous imposer Henri V! le soutenir de ses
Cosaques!! pour ne pas vous traiter comme une seconde
Pologne!!! car, dira-t-il : « depuis 5o ans, vous êtes un
» scandale pour l'Europe. »

Loin d'être un vain épouvantail, ce pronostic est
dans la possibilité des choses humaines; car, à l'exemple
des royaumes de l'histoire ancienne, des États tels que
la France et l'Espagne, qui se traînent dans la décré-
pitude, s'évanouissent, pour faire place à des États
adolescens, à des peuples nouveaux. L'empire romain
avait dominé tout le monde connu; ses légions aguer-
ries avaient subjugué tous les peuples, et cependant les
Barbares, venus de la mer Baltique et de l'Oural,
finirent par se l'assujétir à leur tour.

Optez donc entre ces deux hommes de ce triumvirat,
et le troisième, M. Guizot! dont l'existence ministé-
rielle est solidaire avec la dynastie que vous avez élevée
sur le pavois, qui représente vos intérêts bien entendus,
qui en est le garant. Je n'ai plus qu'un mot à dire sur
cet incident. Nonobstant mes sentimens pour M. Guizot,
je serais le premier à l'engager à se retirer, si les circonstances devenaient telles que je jugeasse sa retraite
nécessaire ou *seulement utile*, à lui jeter la pierre s'il
devenait traître au pays.

Après une déclaration aussi publique sur l'intention

qui a dicté ma précédente brochure, je puis revenir
au point où j'en étais resté,.... à l'histoire.

J'ai dit plus haut, que l'histoire est l'expérience des
nations. Déjà le père de Louis XV a appelé l'histoire
« la leçon des princes et l'école de la politique (1) »
Est-il nécessaire de citer, à l'appui de cette parole,
l'auteur *du Prince*, de Commines, Ancillon (tous trois
historiens et tous trois ministres)? feu M. de Rotteck (de
son temps le plus illustre tribun du grand-duché de Bade,
et professeur à l'université de Fribourg (Brisgaw.), et
son histoire universelle? — M. de Metternich n'est-il
pas l'homme le plus instruit des États autrichiens ?

Il n'y a donc pas à s'y méprendre. L'histoire seule
forme le grand, le véritable homme d'État. Tout député est homme politique; mais tout homme politique
n'est pas toujours homme d'État.... Il est une opinion
assez généralement répandue, que pour être député
distingué, il faut nécessairement être avocat. Je crois
que c'est un préjugé, une erreur, que je vais chercher
à démontrer.

Sous l'ancien régime, l'instruction était beaucoup
moins répandue qu'aujourd'hui; elle se trouvait presque exclusivement entre les mains du clergé. C'était
lui qui donnait l'impulsion aux affaires, dont l'avis
prévalait dans les états généraux, qui entraînait l'ordre
de la noblesse, car le tiers-état comptait alors pour
bien peu; il y figurait plutôt comme témoin, que
comme contractant. C'était encore cette instruction,
alors presqu'entièrement du domaine du clergé, qui fit
dire à M. de Talleyrand, dans son discours à l'Insti-

---

(1) **Notes aux Observations** sur l'Histoire de France, etc., etc.

tût (1) « . . . .

» Et pour m'ôter à moi-même la crainte de me laisser
» aller à une idée qui pourrait paraître paradoxale, je
» me sens obligé de rappeler ici les noms de nos plus
» grands négociateurs, tous théologiens, et tous re-
» marqués par l'histoire comme ayant conduit les
» affaires politiques les plus importantes de leur temps :
» le cardinal chancelier Duprat, aussi versé dans le droit
» canon que dans le droit civil, et qui fixa avec Léon X
» les bases du concordat, dont plusieurs dispositions
» subsistent encore aujourd'hui. — Le cardinal d'Ossat
» qui, malgré les efforts de plusieurs grandes puis-
» sances, parvint à réconcilier Henri IV avec la cour
» de Rome ; le recueil de lettres qu'il a laissées est
» encore prescrit aujourd'hui aux jeunes gens qui se
» destinent à la carrière politique. — Le cardinal de
» Polignac, théologien, poète, négociateur qui, après
» tant de guerres malheureuses, sut conserver à la
» France, par le traité d'Utrecht, les conquêtes de
» Louis XIV.

» C'est aussi au milieu des livres de théologie
» qu'avait été commencée par son père, devenu évê-
» que de Gap, l'éducation de M. de Lionne, etc., etc.»

Il est hors de doute que les études théologiques ne
développent cet esprit de conciliation si nécessaire dans
un négociateur qui emploie et épuise les moyens de
persuasion que lui suggère la raison, avant de recourir
aux extrèmes, qui applanit les obstacles et écarte les
difficultés qui s'opposent à une pacification. On ne
saurait trop le répéter, la diplomatie n'est pas la *science*

______

(1) Éloge de M. de Reinhardt.

de la ruse, mais l'art de concilier des intérêts opposés ; — elle est, peut-être, au droit des gens, ce que la procédure est au Code civil. — Néanmoins, je croirais assez volontiers que ce que disait M. de Talleyrand de ces négociateurs, ne tenait pas précisément à la seule nature de leurs études, mais à leur instruction en général ; car, à côté d'eux, je me permettrai de placer le nom du président Jeannin (1) dont les négociations sous Henri IV et Louis XIII, ne sont pas moins recommandées aux jeunes gens que les lettres du cardinal d'Ossat, et, cependant, le président Jeannin n'était pas théologien. Le marquis de Valory, ambassadeur de Louis XV auprès de Frédéric-le-Grand, avait été guerrier avant d'être diplomate. — Ainsi, sans vouloir enlever à la théologie son mérite et son influence sur la

---

(1) Né en 1540, du sieur Pierre Jeannin, échevin de la ville d'Autun. — Disciple de Cujas, il fut reçu avocat à l'âge de 19 ans au parlement de Bourgogne, et plaida devant cette cour sa première cause, le 30 janvier 1570, pour la ville d'Autun à laquelle les villes de Beaune et de Châlons-sur-Seine disputaient la préséance aux États-généraux de la province ; il gagna sa cause. En 1571, il fut nommé conseil de la province de Bourgogne, et député du Tiers-État de la ville de Dijon aux États-généraux. En 1575, il fut pourvu de l'office de conseiller au parlement de Bourgogne, et enfin en 1579 premier président au même parlement. — Il fut envoyé par le duc de Mayenne en Espagne pour solliciter des secours en faveur de la ligue ; et par Henri IV aux Provinces-Unies de Hollande, pour empêcher qu'elles ne passassent sous la domination espagnole ; il fut constamment heureux dans ses missions. — Après l'assassinat de Henri IV et la disgrâce de Sully, il devint contrôleur-général des finances. Il était, quoique roturier, plein de la maxime « que la » noblesse est le premier et le plus ferme appui du trône, que, sans la noblesse, » il n'y a plus de corps qui défende les droits de la couronne et ceux du » peuple ; qu'alors, l'amour des richesses étant l'unique appât, l'honnête » homme qui a de la fortune craint de la perdre, et que l'intrigant qui n'en » a pas veut faire la sienne ; que dans de telles conjonctures, l'un se retire, » l'autre se vend, et l'État est perdu. » — Négociations diplomatiques et politiques du président Jeannin.

conduite des affaires, je crois que ces supériorités d'alors étaient ce qu'elles sont aujourd'hui : une simple relation à la masse d'instruction du pays et du temps ; car l'on cite encore aujourd'hui les chanceliers de l'Hôpital et d'Aguesseau comme des jurisconsultes et des hommes d'état distingués ; les présidens de Harlay, de Mesme, Séguier, Molé, et........ ils n'étaient pas théologiens.

Après que 89 et 92 eurent fait table rase de l'ancien ordre de choses, le clergé, à quelques exceptions près, disparut. — Une ère nouvelle commença. Le Tiers-État remplit le rôle du clergé. Les hommes de lettres et les gens de robe composèrent en majeure partie nos assemblées nationales. La parole, si long-temps muette, se déchaîna ; si long-temps comprimée, elle devint toute puissante : ce fut à qui lancerait de la tribune les discours les plus longs et les plus virulens ; à qui ferait les diatribes les plus sanglantes, pour émouvoir l'auditoire et le peuple. La science gouvernementale consistait toute dans l'éloquence : la parole indiquait le coupable, la guillotine en faisait justice ; on décrètait Pitt « ennemi du genre humain, » et une armée de sans-culottes volait aux frontières. Mais jetons un voile sur cet épisode désordonné, sanglant, de notre histoire ; car l'esprit s'humilie et s'attriste à ce souvenir ; l'aspect, pittoresque peut-être pour bien des gens, de voir des *tricotteuses* assister aux débats parlementaires, ne me paraît que dégradant et ridicule.

Buonaparte avait permis de penser (il ne pouvait l'empêcher) ; quand à la parole, elle était *sans effet*. Le maître avait pris ses mesures ; il y avait mis bon ordre ; il voulait d'un tribunat qui parlât sans voter, et d'un corps législatif qui votât sans parler (1) : il ne voulait pas que l'écho de *vains* discours vînt le distraire du bruit de ses canons. Nous n'en fûmes peut-être pas plus mal.

Avec la restauration, vint le gouvernement représentatif. — Ce fut à cette mémorable époque, lors de la lutte de 15 ans, que brillèrent ces grands courages, ces puissans orateurs dont s'énorgueillissait la France frémissante de colère, et toute indignée de la présence des alliés. Ils sont morts depuis, en grande partie, ces athlètes de la tribune qui luttaient corps à corps avec une contre-révolution vindicative et ignare. J'ouvre un livre publié en 1820 (2), époque où MM. Lainé, Villèle et Corbière eurent entrée au Conseil comme ministres sans portefeuilles. L'auteur, à l'exemple, aujourd'hui, du vénérable M. Royer-Collard (dont personne, j'espère, ne suspectera le patriotisme), crut devoir résigner ses fonctions de conseiller-d'état et de secrétaire-général au ministère de la justice, parce qu'il voyait le Gouvernement engagé dans une route incompatible avec les intérêts du trône et les besoins du pays; l'auteur, dis-je, cite les noms de Serre, Benjamin Constant, Manuel, Camille Jordan, Foy, Casimir Périer. D'autres leur ont survécu.

Personne n'ignore que dans tout gouvernement représentatif, l'éloquence ne soit à l'ordre du jour, que la parole ne soit son plus puissant instrument.

---

(1) Introduction à la politique constitutionnelle de Benjamin Constant, par Pagès (de l'Ariège).

(2) Du Gouvernement de la France depuis la restauration, et du Ministère actuel, par M. Guizot, 1 vol. in-8.°

Mais d'un droit consacré, il est devenu un abus; et c'est là, peut-être, l'écueil des assemblées délibérantes.

Cet abus paraît surtout se faire sentir depuis 1830. C'est principalement à MM. les avocats que l'on reproche en général cette intempérance de la parole. Le public remarque que l'on fait trop fréquemment de longs discours, que l'on cherche à faire preuve d'éloquence à propos des moindres incidens : sur des amendemens, quelquefois même sur des sous-amendemens. Bref, il se plaint qu'on lasse la Chambre sans utilité publique.

Si la parole est, entre les mains de l'homme d'état, un instrument pour faire passer dans une assemblée son avis sur une mesure qu'il croit bonne, sage et avantageuse au bien public, cet instrument, cependant, ne constitue pas l'homme d'état en lui-même. Il faut qu'il ait une connaissance exacte et approfondie de la matière qu'il traite; que la proposition qu'il veut faire passer soit non-seulement dans l'intérêt réel du pays, mais encore qu'elle soit opportune; les utopies les plus brillantes, les sophismes les plus habilement exposés ne resteront pas moins des utopies et des sophismes; en un mot, la proposition est le fond, la parole n'en est que la forme, le moyen.

Or, je le demande, qu'ont le droit privé, la procédure civile ou criminelle, de commun avec le droit public, des questions politiques, administratives ou financières?.... Et c'est, cependant, dans le cercle du droit privé, que se passe la vie de MM. les avocats; c'est à cette étude qu'ils ont consacré leurs veilles, leur existence.

L'élève en droit, qui a au moins trois années de cours

obligatoires à suivre, qui a en expectative trois autres années de stage (ainsi au minimum six années avant de pouvoir exercer), regarde comme superflu de s'adonner aux études de la quatrième année, nécessaires pour arriver au doctorat; et c'est précisément dans la quatrième année qu'on enseigne le droit des gens, le droit constitutionnel et le droit administratif (1). À la vérité, ces cours sont toujours remplis, partie par ceux des élèves qui se destinent à l'instruction, qui aspirent à une suppléance ou à une chaire, soit à Paris, soit en province; et partie par nombre d'autres élèves qui, quoique se consacrant à l'état d'avocat, d'avoué ou de notaire, y sont attirés par le talent vraiment transcendant des professeurs (2), enseignant une matière qui a de tous temps offert à des imaginations jeunes et ardentes un certain attrait, mais qui, n'étant pas soutenue par des études solitaires, s'efface avec l'oubli des leçons devant les exigences de la vie pratique. — Devant une cour royale, un tribunal, des questions politiques ne se présentent pas; celles qui sont administratives, se portent au Conseil-d'État. — Pourquoi donc alors

---

(1) C'est avec intention que je ne parle pas du droit romain; car, nonobstant que la législation romaine ait, à si juste titre, été définie « *Scripta ratio* », je ne trouve pas qu'en général la jeunesse française y prenne autant de goût que les étudians de Heidelberg, Goettingue, et autres facultés de droit d'Allemagne. Cela tiendrait-il aux professeurs? Je ne le pense pas, car M. Pellat y apporte tous les soins possibles, et une obligeance vraiment admirable à lever tous les doutes qui se présentent dans le digeste.

(2) Je crois également devoir déplorer que M. Rossi n'ait pas, à l'exemple de M. de Gérando, jugé à propos de livrer à la publicité son « Cours de Droit constitutionnel », bien que depuis plusieurs années cet ouvrage, aussi remarquable que celui sur le Droit pénal, figure sur le Catalogue de tous les libraires de la rue des Grès et de la place du Panthéon.

MM. les avocats, plaidant en première instance, en cour royale ou même en cassation, s'en occuperaient-ils ? Les affaires courantes n'absorbent-elles pas tout leur temps? — Comment donc, si appelés à la Chambre, acquerraient-ils spontanément, par une espèce d'intuition et comme par le seul effet de l'atmosphère législative, la science gouvernementale ? On serait presque en droit de le supposer, à en juger par leurs harangues sur les finances, la guerre, la marine, et tout ce qui se présente. Toutefois, qu'il me soit permis ici de jeter une fleur sur la tombe de Garnier-Pagès. Ce député (de la Sarthe), auquel sa maladie avait défendu de parler beaucoup et souvent, s'était, dans les dernières années de sa vie, à ce qu'il paraît, beaucoup occupé de questions financières; le public aussi bien que la Chambre ont applaudi à son discours « sur les Banques ». — Espérons que son successeur, de quelque talent qu'il puisse se croire doué, finira par se convaincre que si la popularité est flatteuse pour l'amour-propre, elle n'est toujours qu'éphémère ; qu'aujourd'hui il ne s'agit plus d'abattre, mais de réédifier; non de détruire, mais de consolider.

Ainsi que toute chose qui, poussée à l'extrême, devient un abus ; de même l'usage immodéré de la parole me paraît donc être devenu un inconvénient dans le régime représentatif de notre pays. — Et pour ne pas moi-même lasser la patience de mon lecteur, je terminerai en quelques lignes, me réservant de revenir plus tard, peut-être, sur d'autres matières d'intérêt public.

Depuis cinquante ans environ, c'était toujours tel ou tel autre ministère qui exprimait les besoins du moment.

— Ainsi nous avons vu, lors de nos embarras financiers sous Louis XVI, tantôt Turgot, tantôt Necker, être appelés à la tête des affaires. — Sous la république, le comité de salut public, jouer le principal rôle ; — sous l'empire, l'administration de la guerre être à l'ordre du jour ; — Sous la restauration, lorsque l'on s'efforçait envain, non de concilier (c'était impossible), mais de comprimer les partis, l'intérieur être le ministère prédominant. La France se souviendra long-temps de l'administration loyale de M. de Cazes. — De même, depuis 1830, lorsque les factions descendaient dans la rue, l'intérieur était le département, non le plus recherché (parce qu'il fallait un certain courage, une énergie de volonté qui n'étaient pas donnés à tout le monde), mais le plus important ; aussi ne confia-t-on ce ministère qu'à des mains viriles et robustes. Je ne citerai pas tous les hommes qui étaient à la tête de ce département dans nos momens de troubles civils ; je me bornerai à nommer Casimir Périer, qu'à la Chambre, des députés, aujourd'hui de l'opposition, ont depuis sa mort, qualifié « d'illustre ! ».

Nul doute que le ministère de l'intérieur n'ait une immense influence sur l'état du pays, sur ses besoins matériels et ses tendances intellectuelles ; mais il est un autre ministère qui, en temps de paix, n'influe pas moins sur les destinées d'une nation. On devine que je veux parler de celui des affaires étrangères.

En effet, le plus exigu, quant au budget, mais le plus difficile, le plus important, et par conséquent le plus exigeant en fait de conditions dans les hommes qui le représentent, est sans contredit le département des relations extérieures. Aussi voyons-nous que depuis François Ier jusqu'à nos jours, c'étaient toujours ou des hommes illustres par leur naissance et des princes de l'église qui, par leur position sociale, leurs vertus ou leurs talens, offrant dans leur personne une garantie morale, étaient appelés à correspondre avec l'étranger, à diriger nos intérêts au-dehors. Je m'abstiendrai de faire l'énumération de tous les ministres qui se sont succédés dans un laps d'environ 33o ans, pour m'en tenir aux principaux. Sous François Ier, le *chancelier-cardinal Duprat;* — sous Henri IV, *Brûlart de Puysieux;* — sous Louis XIII, les *cardinaux Richelieu* et *Mazarin;* — sous Louis XIV, *Hugues de Lionne;* —sous la Régence et Louis XV, le *cardinal de Fleury,* les *ducs de Richelieu* et *de Praslin,* le *cardinal de Bernis,* etc.—sous Louis XVI, MM. de *Montmorin* et *de Vergennes;* — sous le Consulat et l'Empire, M. *de Talleyrand-Périgord;* — sous Louis XVIII, encore M. *de Talleyrand,* avec MM. *de Richelieu, de Châteaubriand* et *de Montmorency;* — sous Charles X, MM. *de Caux, de Polignac* de fatale mémoire; — et enfin, de nos jours, MM. le *comte Molé,* le *duc de Broglie, Thiers* et *Guizot.* A part quelques guerriers par-ci, par-là appelés dans des momens d'hostilités ou de guerre imminente, tous les hommes que j'ai eu l'honneur de citer, ou étaient des hommes d'État blanchis sous le harnais, ou sont de s littérateurs, dessavans profondément versés dans notre histoire. Il n'y a rien là qui doive nous surprendre; c'est conforme à la nature des choses passées et actuelles.

Jadis, ainsi que j'ai déjà eu l'occasion de le dire, l'instruction était toute entière dans les classes élevées :

dans le clergé et la noblesse. La jeunesse de ces temps-
là, comme cela se pratique encore de nos jours en Angleterre, était élevée tout exprès pour les charges de la
cour ou pour la carrière politique. — Fort peu de
chose des affaires internationales perçait dans le public;
il n'y arrivait que ce que l'on jugeait à propos d'y laisser
parvenir; tout se concentrait dans le cabinet et dans les
hautes régions de la cour.

Sous l'empire, les fonctions de ministre des affaires
étrangères étaient différentes; à peu de choses près,
elles se bornaient pour ainsi dire, à suivre ou à accom-
pagner le vainqueur dans ses campagnes, à rédiger ses
bulletins, à enregistrer ses conquêtes, et à notifier aux
vaincus la volonté du maître. Ces fonctions étaient
donc faciles.

Aujourd'hui, il en est autrement. Ce n'est plus la
diplomatie *occulte* de Louis XV, ni la diplomatie im-
périale du canon. — Ces temps sont passés, ils sont
derrière nous, et le flambeau de la publicité a chassé
les ténèbres qui environnaient l'existence des états.
Aujourd'hui que chaque soupir est répandu par la
presse dans l'Europe entière, que les peuples rivalisent
entr'eux d'intelligence, qu'ils ont le sentiment de leurs
droits et de leurs forces, l'ascendant moral s'est substitué
à la force matérielle, et la dignité du caractère a rem-
placé la rouerie de l'œil-de-bœuf. — Quoi de plus
simple alors, que les fonctions de ministre soient devenues plus difficiles? L'imagination s'effraie de toutes
les conditions exigées aujourd'hui pour constituer un
bon ministre des affaires étrangères.

Si l'Europe reproche à la France son amour désordonné pour la gloire, ses tendances à tout envahir, elle

ne lui a cependant jamais dénié son caractère de loyauté, de franchise et de désintéressement. Il est donc bon que le ministre qui nous représente résume en sa personne les vertus dont l'on veut bien rendre justice à la nation, et que sa réputation, semblable à celle de la femme de César, « *n'ait jamais pu être soupçonnée* » d'intérêts pécuniaires. — Toutefois, quelque importante que soit la condition du *caractère*, elle ne suffit pas, celle du *savoir* doit s'y adjoindre. Indépendamment de la profonde connaissance de l'histoire de son pays, il doit encore être versé dans celle des autres : leurs constitutions, leurs chartes, leurs besoins, leurs ressources, leur statistique, en un mot, il ne lui est pas permis de les ignorer, aussi peu que leur langue et leur littérature. — Et pour terminer, ou nous resserrerons, sous le ministère Peel, notre alliance avec l'Angleterre, et dans ce cas, il est urgent que notre ministre des affaires étrangères, ou possède son histoire d'Angleterre, ou y soit personnellement connu ; ou bien, nous abandonnerons cette alliance pour nous rapprocher de la Prusse et de l'Autriche, et, en ce cas encore, leur histoire et leur littérature ne doivent lui être étrangères (1). Cela paraît être devenu si vrai, que l'un de nos ci-devant ministres a jugé à propos de faire tout exprès...... un voyage en Allemagne.

Paris, ce 30 décembre 1841.

---

(1) M. Guizot, dans son 4.° Essai sur l'Histoire de France (De l'État social, etc., etc.), cite un ouvrage allemand intitulé : Histoire de l'agriculture en Allemagne, par Anton ; sous l'impression de cette lecture, il paraît accorder aux Allemands une certaine supériorité en agronomie, que par patriotisme. je ne saurais admettre. — A coup sûr, si M. Guizot est l'un des premiers hommes d'état de son époque, par contre, et ne lui en déplaise, le dernier paysan de Normandie ou d'Alsace en sait plus long que lui en fait d'agriculture.